Je-ký

Je-ký

José de Castro Pinto Júnior

**Dados Internacionais de Catalogação
na Publicação (CIP)
(Câmara Brasileira do Livro, SP,
Brasil)**

Pinto Júnior, José de Castro
    Je-ký / José de Castro Pinto Júnior. --
Lavras, MG : Ed. do Autor, 2023.

    ISBN 978-65-00-71285-8

    1. Espiritismo - Biografia I. Título.

23-159275   CDD-133.91092

Índices para catálogo sistemático:

    1. Espíritas : Biografia   133.91092

Eliane de Freitas Leite -
Bibliotecária - CRB 8/8415

Lavras, 05 de setembro de 2020

Prefácio

O testemunho que dou a respeito deste Espírito de Luz é um só o de alguém que me valorizou quando todos a quem eu amava foram pra mim uma só coisa: decepção.

Decepção com os que conhecia, mas não com a vida, pois comprovei na própria pele que quando dizem que Deus é fiel há pura e eminente verdade. E que a verdade vai além vai no Além para trazer respostas que o ser humano por si só não obteria sem o recurso da mediunidade.

E uma delas é que estes três espíritos, os quais tenho por mentores, também são fiéis ao bom proceder, são fiéis em seus compromissos de fazerem o bem.

A seu pedido me dediquei a compor esta obra, o que pra mim antes de tudo é um dever, pelo fato de que ele muito, mas muito mesmo me ajudou quando a vida mais parecia uma guerra, uma guerra entre mim e todos que tentaram convencer a sociedade que eu era um esquizofrênico.

Se é verdade que se conhece a árvore pelo fruto, o louco se conhece pela loucura.

É o que o nosso personagem tentou mostrar a todos antes que estes usassem da violência para me internar.

Porém antes que tudo acontecesse, os nobres Mentores durante anos usaram um material didático de muito valor para me instruírem e prepararem na vida, os livros de Kardec e Chico Xavier. Graças ao Espiritismo o que passou passou.

Eu só não esperava que eu receberia como troco a valiosa amizade e companhia de três grandes espíritos de luz, que me fizeram valorizar ainda mais a sacrossanta justiça de Deus.

Juninho

Capítulo 1

Sem face conhecida pelos que permanecem em estágio no plano físico, sem RG e CPF que configurem sua identidade em cartórios e igrejas, sem testemunho vivo que pudesse dizer quem foi Jesus de Nazaré.

Isto se nós não fôssemos os mesmos que habitáramos outros corpos desde o distante passado, a herdarmos pouco a pouco a verdade que Ele ensinou há dois mil anos.

Novamente:

_ Conhecerás a árvore pelo fruto.

Assim se conhece alguém pelo que ele ou ela faz.

Proponho ao nobre leitor ou à nobre leitora o seguinte questionamento:

O que é mais fácil contar a história ou contar a estória?

O que me aventuro a fazer não é fruto de imaginação nem é da carochinha.

É a biografia de alguém que conheço muito bem, sem nada saber quem foi e o que fez em alguma de suas existências na Terra, ou em algum outro planeta, senão uma leve e vaga suspeita, a qual sem esta a labuta seria quase a mesma.

Refiro a um Espírito de Luz.

Um Amigo que já me tirou de muitas situações embaraçosas, do qual eu próprio já duvidei de sua hombridade e lealdade outrora e que hoje ainda dói-me as lembranças de meu comportamento equivocado.

Refiro-me a Je-ký.

Capítulo 2

Tal como Empresas que conheci à procura de emprego e um lugar ao sol onde eu pudesse contemplar o mais belo significado da palavra sociedade, os Centros Espíritas também não me ofereceram uma vaga, além de alguma campanha, que vez por outra acontecia em seu movimento.

Seria o seu primeiro mandamento Amai-vos apenas um rótulo e o segundo mandamento Instruí-vos uma ostentação da própria vaidade?

De quem os ensinou não.

Certo é que após aquela discórdia quanto ao passe que eu aplicava e uma influência espiritual nada salutar, eu nunca mais voltei lá.

_ Eles vos lançarão fora das sinagogas.

Disse Jesus. [1]

Porém a minha admiração ao Espiritismo continuava, pois sabia que a Codificação era obra do Alto e não do homem.

---

[1] Evangelho conforme João 16:2.

Acreditava plenamente que a Doutrina era o Consolador prometido por Jesus. Acreditava em Chico Xavier.

Acreditava que Deus é fiel e que a vida não podia oferecer só aquilo.

Carregava a minha carga na esperança e fé que algo de bom iria acontecer.

Prestes a completar vinte e seis anos da minha primeira reunião em Chamas de Amor, escrevo-lhe na mais pura convicção e certeza que a vida vale a pena.

Até então eu não conhecia Je-ký, mas ele me conhecia de longa data, mesmo de outra existência.

Naquela casa de família cuja proprietária cumprira com esmero a criação dos filhos, via-me num verdadeiro Centro Espírita que me acolheu quando eu mais precisava de ajuda.

Um Zé-ninguém e um Sem-ninguém até que eu conhecesse o teor daquelas mensagens, cuja caligrafia era característica própria de seres decididos, que sabem o que fazem, por que fazem e para quem fazem.

Fizeram-me reconhecer-me na condição de filho de Deus, título este que brasão nenhum, de época alguma sobrepõe, ou supera se nós cumprirmos a sua única exigência: a perfeita lei de Deus.

A consideração que os Espíritos me dispensavam chegava a me impressionar.

Je-ký então me escreveu por ocasião de uma indelicadeza que cometi:

_ Eu só lhe enfrentei com amor e paixão.

O amor que dá vida.

Amor puro e verdadeiro cuja fonte procede do mais Alto Astral, do sétimo céu, dos campos elísios onde habitam os heróis e os espíritos da mais alta moralidade.

Dentre estes o nosso personagem que se me apresentou como amigo verdadeiro, pelos ditados de cunho respeitador e orientador, a quem procura pela verdade e a encontra.

Magali me disse:

_ Agora você conhece a verdade.

Algo que não me permitiria errar mais na vida.

Algo transcendente que me situaria, graças a Deus, na verdadeira alta sociedade. Não na financeiramente rica sociedade, mas na espiritualmente livre, por ter aprendido a trabalhar e viver.

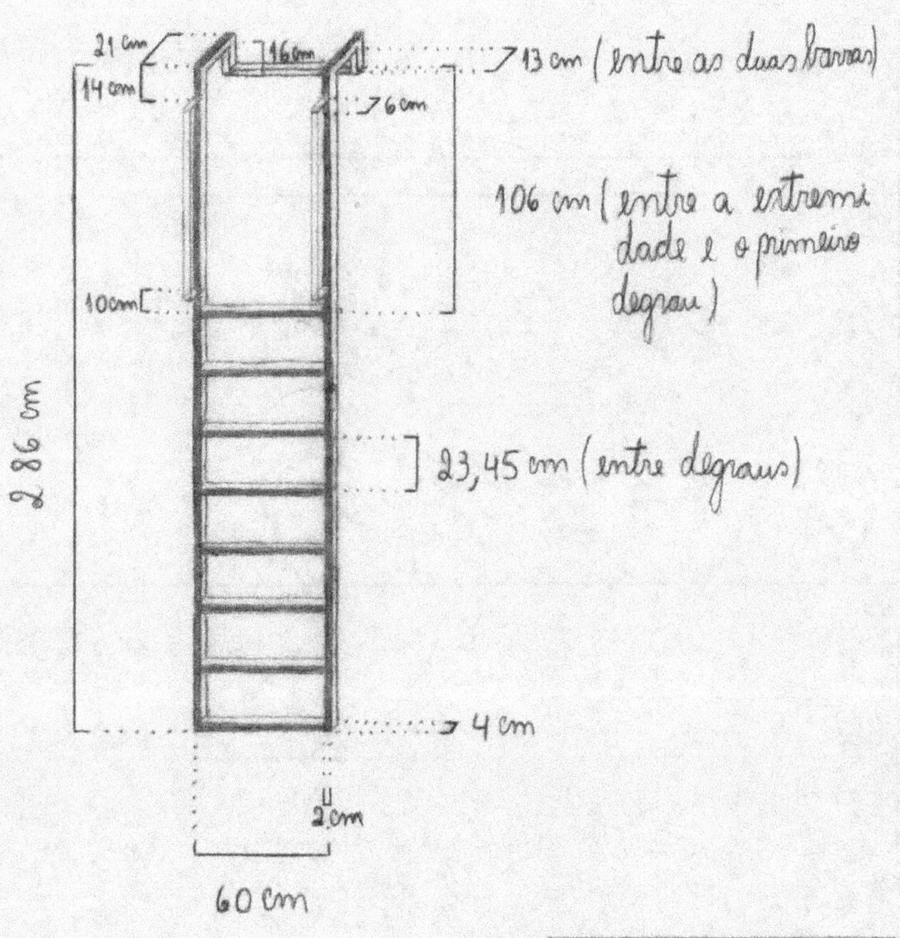

Projeto de escada
Escala 1:20
28/12/2018
José de Castro P. Jr.

Capítulo 3

Se o prezado leitor ou leitora me permitir, peço a sua licença para eu lhe escrever quem é Je-ký a grossos pincéis, em que devido à semelhança de personalidades eu cito aqui aquela do qual a história tem um valioso registro: Diógenes, o filósofo grego.

Eis o histórico:

"Separado do mundo pelo mediterrâneo" um homem reencarnara com a difícil missão de ensinar a humanidade a viver com o necessário.

Há mais de quatro séculos antes do Mestre, na cidade de Sinope, conforme registro viveu de 413 a 323 antes de Cristo. [2]

Um dos mais espetaculares filósofos dos quais tenho conhecimento.

Chamou a atenção do mundo com sua simpleza antes de caráter do que de posses.

Mesmo ele não tendo nada.

Recebeu a injusta alcunha de O Cínico.

---

[2] Dicionário Prático Ilustrado. Livraria Lello e Irmão. Ed. s/nº.

Diógenes praticante da Lei Natural antes de ser um pedinte era um homem útil e por que não dizer um cristão, uma vez que Jesus disse que Sua mãe e Seus irmãos são todos que fazem a vontade de Deus.

Residia em um enorme vaso, ou tonel às vezes dormia debaixo de pórticos.

Certa vez ao avistar uma criança bebendo água com o côncavo das mãos disse:

_ Esta criança mostra-me que ainda possuo coisas supérfluas.

Então quebrou a vasilha de que se servia para beber.

Tendo sido visto andando pelas ruas de Atenas em pleno dia com uma lanterna acesa na mão, perguntando-lhe o porquê de tal atitude ele respondeu:

_ Ando à procura de um homem de verdade.

E em outra ocasião Alexandre, em Corinto, lhe perguntou se ele desejava alguma coisa. O filósofo de imediato respondeu:

_ Que te tires diante do meu sol.

A linguagem objetiva e sincera, a prática da lei de Deus, o necessário e o simples são características de Diógenes e Je-ký.

Hasteiam a mesma bandeira, a da liberdade espiritual.

Se o primeiro foi uma das encarnações do fiel Amigo, ainda nada me foi confirmado pelo Alto, o que posso dizer é que nenhum dos dois tem aversão ao gênero humano, muito pelo contrário. O que lhes desagrada é a hipocrisia e esta ele herda de si mesmo pelo mal que faz e o bem que deixa de fazer.

Capítulo 4

Je-ký nunca deixou de me fazer o bem e mesmo quando necessitei e sem lhe recorrer ele interveio.

Num dos momentos de provação, cujo convite à revolta contra Deus, contra todos e contra tudo, talvez próprio a todos que se dizem cristãos, antes de partir dos menos afortunados em bondade dentre os espíritos, julgo a mim o responsável pelo quase lapso que podia ter sido o pior engano de minha vida, em casa de minha mãe, debruçado em minha escrivaninha, mais por força das circunstâncias do que por gosto, eu prestes a jogar tudo pelo alto, no mesmo papel onde recebia do além aqueles esboços, Je-ký se me mostrou por um brevíssimo momento, literalmente luminoso, pequenino ou distante, em ato heroico para me tranqüilizar e para que eu me dispusesse a entender que o que aconteceu em Chamas de Amor, naquele segundo dia após a minha chegada de Belo Horizonte, do Hospital André Luiz, foi um grande mal entendido que quase culminou no rompimento de minha amizade com Magali.

Mas Deus é maior.

O tempo me confirmou que aquele transe de Magali teve mais manifestações anímicas do que mediúnicas e que a mensagem dada em nada tinha de hostil ou mentirosa por parte dos Mentores.

Em absoluto silêncio Je-ký só me pedia a compreensão.

Capítulo 5

Sua braveza nada tinha de ruindade e para que eu me convencesse disto levou anos.

Queria na verdade que ele fosse para os quintos dos infernos diante daquele tom enérgico:

_ Não estrague o dia de ninguém.

Mas o que eu fizera?

Eu fizera Sélem chorar ao pensar que ela era a responsável pela desunião entre mim e minha família.

_ Não entre na casa dos outros sem ser convidado.

Mas quando fiz isso?

Quando proibido por Sélem de ir a Chamas de Amor, pelos motivos que se seguem, por alguns dias, eu lá fui para pedir socorro adentrando até a garagem apenas.

Socorro por ter sido atacado por um espírito, imagino, pertencente à pior casta de seres existentes no mundo.

Andando pela sala o irmão me atacou como se alguém me desse uma paulada na cabeça. Meu corpo queimava.

Os Espíritos sabiam que aquilo se resolveria, eu só não podia comprometer a segurança de Magali.

Sem saber o que era aquilo fui socorrido imediatamente por Je-ký, que me levou até a suíte de minha mãe e lá estava uma vela vermelha.

Ele me disse:

_ Olhe o que está lhe fazendo mal.

Maristela, minha irmã, disse que foi ela que a pôs lá. Porém pra enfeitar.

Capítulo 6

Quando a ele eu devia eterna gratidão o rancor tomou conta de mim.

Je-ký é um guerreiro e quando fiquei sabendo de sua existência, devido ao que me foi dito, o imaginava como um índio de estatura baixa. Algo que ele próprio desdisse mais tarde, quando em transe íamos assinar uma mensagem sua como Índio Je-ký, ele conteve o movimento da minha mão de maneira que tal me fez entender, assinando apenas Jeký.

Um guerreiro do Bom Combate servindo a Deus, criando, produzindo na ordem geral das coisas, fazendo o bem.

Comigo ele insistia, em Chamas de Amor, de onde eu não me ausentara, ele disse:

_ Aqui ninguém está lhe pedindo desculpas.

Por que eles deveriam pedir, o erro não foi deles.

E naquele momento, quando algum espírito querendo se aproveitar de minha fragilidade para me subjugar, ele em alto e bom tom proferiu:

_ Juninho!

Eu entendi que ele então estava mais presente na minha vida do que eu imaginava.

Orai e vigiai, porque não sabemos quando o inimigo vai atacar. É o que nos ensinou Jesus.

3 cm (furo)
4 cm
6 cm
2 cm
PROJ ABRAÇADEIRA
ESCALA 2:1
05/04/2019
José de Castro M.

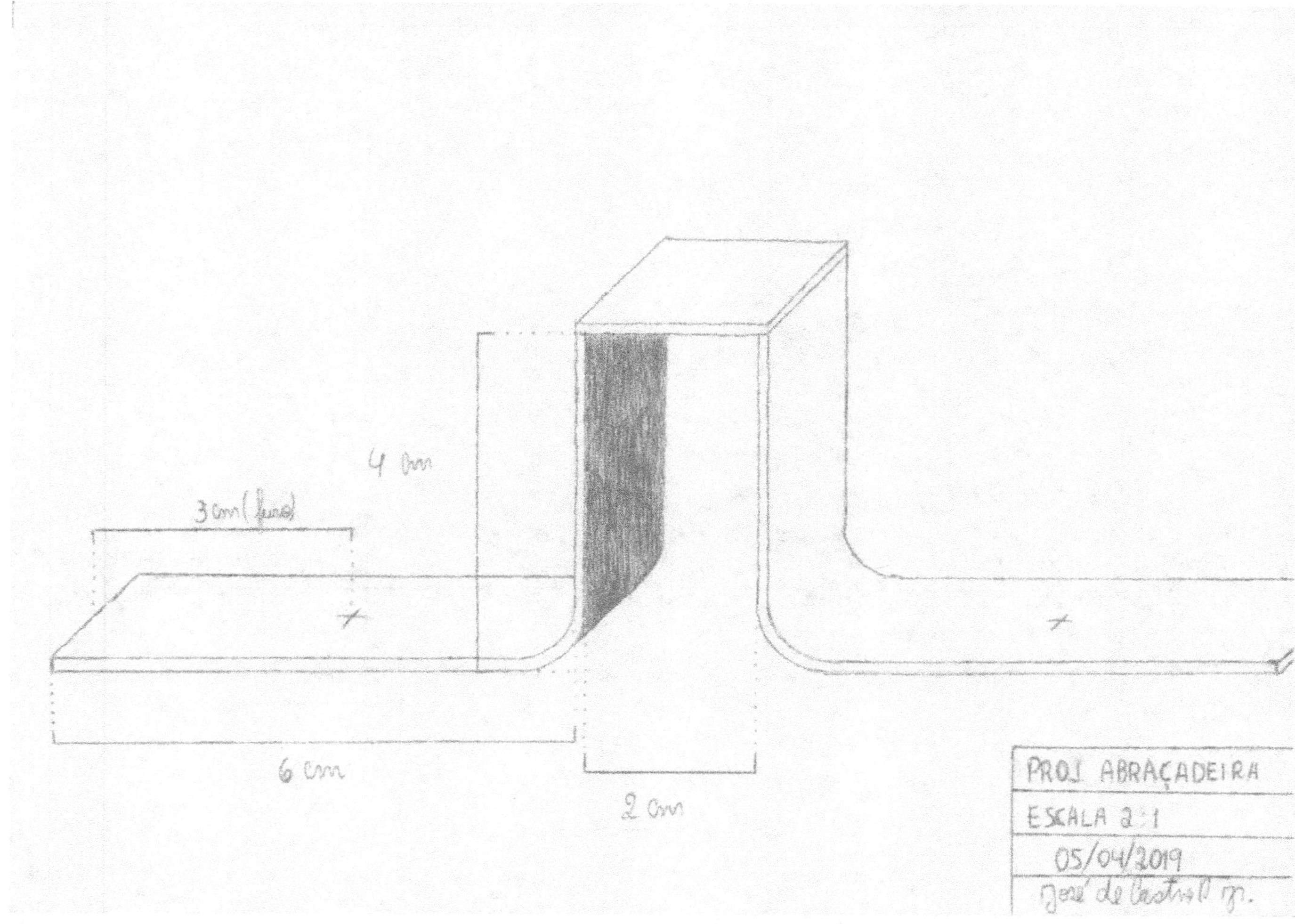

29

Capítulo 7

Por ocasião do meu desenvolvimento mediúnico Je-ký, em mensagem psicografada com Magali, mandou perguntar à minha família quantas foram as vezes que eu desmaiara na vida, pois os mesmos afirmavam isto e disto usou para me internar naquele sanatório.

Je-ký, sabendo que mentiam, como instrumento de Deus, deu a eles a oportunidade de serem merecedores de não fazerem o que fizeram.

Algo que constava no meu mapa de provações, na absoluta certeza que, em outra existência um mal bem grande eu fizera àqueles que eram a minha razão maior pra viver.

Capítulo 8

Eu quis muito me separar de minha família.

Mas Je-ký insistiu:

_ Não.

No entanto ele e os demais me ofereceram a oportunidade de me ausentar de conversas infrutíferas e ainda quando nada há o que dizer.

Mas precisa-se de um espírito de luz pra isso?

O que vem de Deus pode ser um mamão com açúcar, mas será a receita certa, talvez única contra um mal muitas vezes desconhecido.

É impossível combater as trevas da ignorância sem a ajuda do Alto.

E se a oferta é sua aproveitar é a atitude mais sensata a fazer.

Capítulo 9

Je-ký ajudou a todos que procuraram Chamas de Amor. Não só a mim.

Era e é exigente.

Através de Magali ele ofereceu ajuda à Dilene, sobrinha dela. Quem acumulara uma grande quantidade de sapatos.

Catalogando a todos, era sua intenção dar um destino profícuo a cada um deles, lógico com o consentimento da proprietária, ainda quando a situação pedia da mesma mais desprendimento.

Por causa de uma bota, Dilene recusara a seguir à risca as orientações do sábio Mentor.

Ele então escreveu:

_ Dilene, fique com suas ilusões, nosso trato está desfeito.

Capítulo 10

Ao professor Guaracy Vieira, quem queria escrever a biografia de Sélem, Je-ký foi taxativo:

_ Quem irá escrever a biografia de Sélem são os Espíritos.

Capítulo 11

A lei de Deus é toda de amor e caridade. É toda de respeito.

E uma destas leis é a que permite o intercâmbio entre os homens e espíritos.

Porém se o que é santo tem que ser tratado santamente, quando um Espírito de Luz manifesta, o decoro e os bons modos devem imprescindivelmente estar presentes.

Os Espíritos de Luzes tratam um dia santo assim. Quando a data representa a vitória da luz sobre as trevas, do amor sobre o ódio, do esforço sobre a preguiça, do respeito sobre o liberalismo.

O qual atropela impiedosamente o que convém à ética e à decência, tão evidentes no Evangelho de Jesus.

Diante das inúmeras petições que foram feitas à Sélem em Chamas de Amor e sempre ou quase sempre atendidas, um único dia que se tirasse no ano para somente venerar e agradecer por tantos favores recebidos, não seria na certa um sacrifício desgastante, ou prejudicial a nós outros.

Todo ato contra um santo pesa mais do que contra um malfeitor, estou certo disto. Para tanto observe-se que honrar o amor de um pai e de uma mãe se fez mandamento da Lei Maior.

No aniversário de desencarne de Sclém, os Espíritos lhe prepararam uma homenagem e através de Magali, sua filha, ofereceram aos encarnados várias mensagens na condição de que ninguém daquela reunião pedisse qualquer coisa.

Confesso que tive até medo.

Mesmo no perfeito juízo uma pessoa arriscou a pedir mentalmente um remédio contra algum mal, deliberadamente.

Os Espíritos atenderam a solicitação, mas Je-ký tomando a palavra e incondicionalmente notificou e advertiu aquela pessoa:

_ A lei de Deus é severa e certa.

E se o bom ensino não foi o bastante para a ponderação e formar-se o hábito, ninguém pode atribuir a um espírito de luz a praga, quando o mal reside em nós.

Fato é que a mesma pessoa permanece imobilizada em uma cadeira de rodas há anos.

Capítulo 12

Sélem insistiu com uma médium conhecida nossa que se dedicasse mais ao mandato mediúnico e até a convidou a trabalhar nas dependências de Chamas de Amor.

Je-ký havia a alertado:

_ Nós entramos pela porta.

Quis ele dizer que tal convivência com os Espíritos de Luzes não é algo para se desprezar e que ela devia aproveitar a oportunidade que Deus lhe oferecia.

Desmazelando-se com o dom que o Criador lhe deu para fazer o bem.

Fato também é que num espaço de tempo de aproximadamente quatorze anos seus três únicos filhos desencarnaram por causas diversas.

Capítulo 13

A mim, cuja a misericórdia de Deus soube me punir e oferecer um recomeço, Je-ký antecipou, primeiro:

_ Você é o mesmo egoísta de antigamente.

Porque eu devia ter repartido com os meus o que aprendi com os Espíritos em Chamas de Amor.

Depois:

_ Você vai pagar.

De 1995 a 2010 foram quatro internamentos em hospitais psiquiátricos.

Coincidência?

O mundo é mesmo de provas e expiações, mas se nós deixarmos de fazer o bem com nossas possibilidades, diante da grande necessidade que este tem, nós vamos fazer o mal. Conforme disse Jesus:

_ Então dará a cada um a paga segundo as suas obras. [3]

---

[3] Evangelho conforme Mateus 16:27.

Capítulo 14

Já se perguntou:

_ Por que Deus não criou esta lei ao invés desta?

E este relator que ora lhe escreve com satisfação de estar cumprindo tal dever, também não se furtou deste questionamento.

Seria a denúncia contrária à lei de Deus?

A denúncia de um crime, seja qual for.

É comum ver-se pelos veículos de comunicação campanhas contra um ilícito, sendo muitas motivadas pelo mais alto grau de amor a justiça, a dizerem:

_ Denuncie.

A denúncia não é contrária à lei de Deus desde que seja feita a um perfeito sistema judicial e um esmerado protocolo de correção.

Algo que não se vê com muita freqüência.

O dever que me refiro é bendizer o nome de um ser que através do abençoado recurso mediúnico, me orientou a relatar à Empresa para a qual ele prestava serviço, o malfeito daquele eletricista que me

"

abandonou em meio à instalação elétrica da casa de minha mãe, quase toda destruída por minha culpa.

Eu então o fiz.

Je-ký sabia que ele iria receber o que mereceu nada mais que isto.

O mesmo eletricista, um homem mais forte do que eu, insatisfeito com a minha boa ação, vendo-me por uma avenida, atravessou e veio até mim pedir explicações.

Je-ký então me incorporou e me encorajou a encará-lo e disse:

_ Até telha você deixou fora do lugar lá na casa.

Eu então, com ajuda do ilustre e humano Mentor, com as próprias mãos assumi o conserto e graças a Deus tudo mais deu certo.

Capítulo 15

Conhecereis a verdade e a verdade o livrará. Se engana quem pensa que isto é o bastante. A verdade na nossa vida é responsabilidade em pauta. É dever de pô-la em prática.

Fazer o bem é o objetivo da vida e isto também nós temos que agradecer a Deus.

Desprezar o exposto é dar margem à ilusão. É fazer da vida um vazio mórbido.

Chamas de Amor foi criada para a caridade. Em exemplo reto de Jesus, não cobrou pelos serviços prestados à sociedade. Sociedade que discrimina o Espírito.

Porém ela vai ser um.

E se necessitar de ajuda? Deus?

Sim ninguém melhor do que ele para fazer isso.

E se me permitem a alegoria.

Um homem fazendeiro possuía sua casa e demais benfeitorias próximas a um rio. Um vizinho seu certa vez lhe disse que construísse sua morada em local mais alto, para que ele e sua família ficassem seguros, em caso de uma inundação. O fazendeiro relutou e disse que Deus o protegeria.

Então aconteceu a enchente e ele ficou isolado dentro de casa.

Vieram então os socorristas de barco e novamente o fazendeiro disse que não, Deus o salvaria.

A inundação se agravou e o fazendeiro teve que subir ao telhado, foi quando os bombeiros de helicóptero tentaram, por último, o salvamento. Mas o fazendeiro se recusou a sair de lá demonstrando uma fé totalmente cega no Deus que é integralmente luz.

O nosso personagem veio a falecer afogado.

Chegando no céu ele inconformado questionou a Deus.

O Criador então lhe disse, eu atendi a suas preces. Primeiramente mandei seu vizinho lhe dar um bom conselho, depois mandei os socorristas e por último os bombeiros e você recusou minha ajuda, de que se queixa?

O Espiritismo é ajuda de Deus.

Chamas de Amor foi sempre um grande Centro de auxílio aos necessitados, que quiseram sem orgulho essa ajuda. Muitos foram os que o subestimaram.

Todavia eu fui um privilegiado.

Je-ký é um desses servidores que combateu comigo os meus defeitos.

E me fez encontrar a mim mesmo, no meu compromisso, no lugar ao sol que Deus reserva a quem se desfaz da vaidade, da ganância, do preconceito.

Chagas malditas entre o homem e a verdade.

Vícios que inundam a Terra e isolam o homem das influências benéficas que emanam do Alto.

Je-ký meu herói.

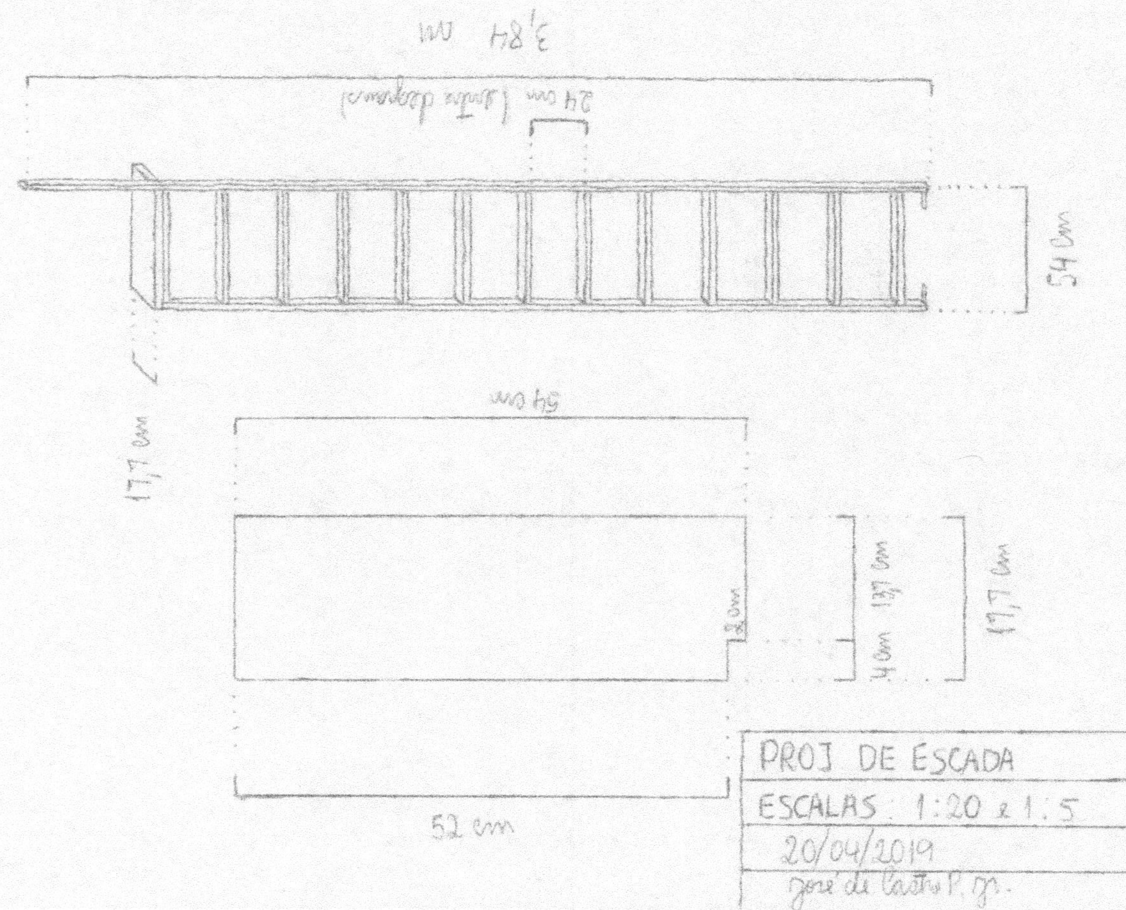

3,84 cm
24 cm (entre degraus)
54 cm
17,7 cm
54 cm
17,7 cm
2,0 cm
4,0 cm
13,7 cm
52 cm
PROJ DE ESCADA
ESCALAS : 1:20 e 1:5
20/04/2019
José de Castro P. Jr.

Capítulo 16

Hoje eu entendo que foi Je-ký que através da Senhora Magali me disse:

_ Jogo não é uma coisa boa.

Na época eu pensei que a Entidade que se comunicava comigo se referia a jogos onde há apostas.

Com o passar dos anos eu passei a questionar mais abrangentemente a afirmação que o nobre Mentor me dirigiu.

Quando criança ainda, fui um viciado em fliperama e até já cheguei a tirar dinheiro na bolsa de minha mãe para jogar.

Algo isto que Je-ký e amigos verdadeiros endireitaram no meu proceder.

O que o fliperama acrescentou na minha vida?

A minha opinião é que na vida o homem deve buscar o que o enriquece, antes de tudo seu espírito, como o trabalho e produção por exemplos.

Hoje 20 de setembro de 2020 o Clube Atlético Mineiro é líder isolado do Campeonato Brasileiro, meu time do coração.

Não obstante Je-ký ao me dispensar sua valiosa atenção não estaria ele também se referindo ao futebol?

Jogo ou esporte?

Certo é que muitas pessoas já morreram ou ficaram feridas por causas relacionadas com o fanatismo ao futebol.

Conforme a questão de número 459 de O Livro do Espíritos, a influência deles em nossos pensamentos e atos é muito mais do que imaginamos.

Então nos noventa minutos de uma partida de futebol a coisa não é diferente.

Pois bem não estaria o resultado de algum jogo predeterminado por alguma inteligência capaz de o fazer, como por exemplo a de Deus.

Emmanuel disse que Chico Xavier ia desencarnar num dia que o Brasil inteiro estivesse feliz. O que ocorreu quando a seleção ganhou a copa.

Para o bem ou para o mal resultados são manipulados.

Certo também é que se sofre mais com o futebol do que se comemora. Eu como atleticano que o diga.

Não devemos amar o futebol acima de todas as coisas, mas sim a Deus é o que Je-ký intuitivamente me mostrou.

Os mesmos espíritos por vezes já me anteciparam a vitória do Atlético algumas vezes para me alegrar.

Porém hoje Je-ký e Sélem me incentivaram a escrever estas páginas e antes de fazê-las eu orei.

O homem educado se liberta do determinismo do mal, é o que aprendi também com Emmanuel. [4]

E a própria felicidade dele não pode depender de fatores externos como o futebol. Algo que se assim for, não se diferenciará muito de um jogo de vídeo game, onde o seu programador conhece qual é o caminho da vitória. E qual é o caminho da derrota.

Porque o homem não se conhece.

O seu livre arbítrio o diferencia do computador e este nunca o superará.

O nosso livre arbítrio merece o nosso respeito e nos acertos vamos entender que a vida não perde a graça, só porque um sete a um desbancou o time favorito em sua própria casa.

---

[4] O Consolador; p. 83 e seguintes. 23ª ed. Francisco C. Xavier/Emmanuel. Brasília. FEB. 2001.

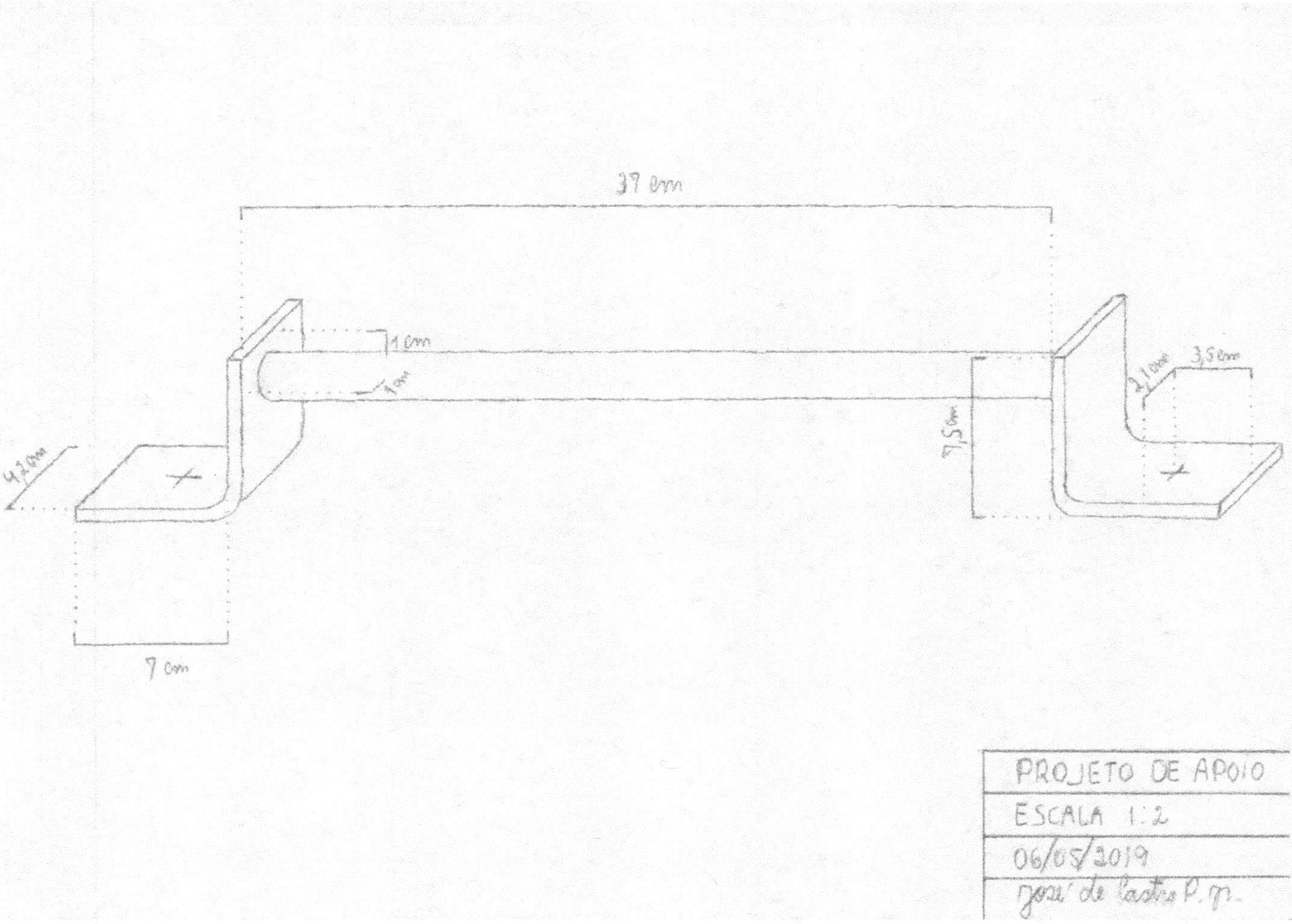
37 cm
1 cm
1 cm
3,5 cm
2,1 cm
7,5 cm
4,3 cm
7 cm
PROJETO DE APOIO
ESCALA 1:2
06/05/2019
José de Castro P. M.

Capítulo 17

Pode parecer estranho um Espírito de Luz se dirigir até você e lhe dar a seguinte orientação:

_ Com qual desses seus amigos você pretende manter a amizade?

Pois Jesus não ensinou o amor ao próximo? A união não é o emblema predominante de Seu Evangelho? Que tal o perdão, não seria este talvez a certidão que eu devia emitir, diante de alguma falta que porventura algum daqueles, a quem eu chamava de amigos, tivesse cometido?

Je-ký me deu esta orientação.

Certo é que o que eu não podia continuar fazendo era dar pérolas aos porcos e coisas santas aos cães.

Je-ký não me pediu para ser inimigo dos meus conhecidos, pelo contrário. O que ele me mostrou é que os meus conhecidos não eram quem eu pensava que fossem e que se eu quisesse progredir teria que conviver com quem me amasse de verdade.

Onde estavam quando fui internado quatro vezes?

Dentre estes teve quem, para não me cumprimentar na rua, entrou na garagem da casa da frente.

Em sonhos debochavam de minha derrocada.

Pode haver coisa mais santa do que a amizade verdadeira?

Foi isto o que os meus hoje conhecidos não valorizaram em mim.

Je-ký me orientou a me afastar até de Marinho, neto de Sélem, alguém que não foi educado para enfrentar o mercado de trabalho e só agora, abandonado por todos, o faz na certeza de que se não trabalhar morre de fome.

A este com quem eu não esperava conviver mais, Je-ký e os demais benfeitores espirituais, através de minha mediunidade, me orientaram a lhe dar uma pequena importância por semana sob o seguinte esclarecimento:

Meu sustento vem da atuação dos benfeitores espirituais junto a herança e questões judiciais impetradas por minha irmã.

Logo eles me disseram que quando algum Espírito de Luz favorece alguém, é também para que este alguém favoreça quem necessitar.

Gosto de ajudar o Marinho, mas só o faço devido a esta conscientização que Je-ký e os Amigos Verdadeiros me ofereceram, por meu intermédio.

Quando um Espírito de luz joga alguma coisa numa lixeira, mesmo que trate de uma pessoa, não se dirija até ela para retirar.

Disse Jesus:

_Vós cuidais que eu vim trazer paz à terra? Não, vos digo eu, mas separação. [5]

Disse também:

_ Concerta-te sem demora com o teu adversário. [6]

A nós outros interessa ter certeza que o nosso adversário quer de coração se reconciliar conosco. Senão Deus exigiria de nós tamanho sacrifício?

---

[5] Evangelho conforme Lucas 12:51.
[6] Evangelho conforme Mateus 5:25.

Capítulo 18

Conforme relatei Je-ký foi quem, através de mensagem psicografada com Magali, me deu a incumbência de escrever sobre ele.

Ele e os demais mentores não quiseram, ou parece não terem querido, fazer o uso da palavra da maneira habitual, como trabalhamos. Logo segue, se Deus me permitir, como se fosse eu o autor da mesma, pois certo estou que a intuição ou a inspiração é integralmente espiritual.

Capítulo 19

Entendo que o nobre Amigo também quis revelar para mim quem era a Entidade que, mesmo antes de eu conhecer Magali e Chamas de Amor, já me ajudava e incentivava em momentos que o meu eu se via só, num mundo onde a ciência não leva em conta a interferência espiritual nos fenômenos da vida, como algo peculiar e intrínseco da própria natureza.

Quando eu trabalhava na EVC Transporte e Turismo Ltda, além do setor de encomendas eu era encarregado do guarda-volume, onde cada bolsa ou pacote ao ser deixado lá recebia uma etiqueta e outra com mesmo número era entregue ao proprietário.

Num dia de muito trabalho eu entreguei uma bolsa errada a um homem de má-fé.

Este então cobrou um alto preço a meu ex-chefe a quem eu reembolsei.

Je-ký quando tudo acontecia me disse:

_ Você vai experimentar a resignação.

Dias depois mesmo estando adaptado na Empresa pensei em deixa-la.

Je-ký então me disse:

_ Você não deve deixar o emprego.

Aproximando a época do Vestibular eu desprezei o conselho de alguém que quis e sabia o que era melhor pra mim.

Capítulo 20

A ESAL, hoje Universidade Federal de Lavras, foi o palco que pisei cuja plateia eram os Espíritos e Deus logo acima, no camarote. A somarem os espectadores que me viram freqüentar uma sala de aula de desenho técnico II, quando mal conseguia escrever o próprio nome, fazer a melhor prova teórica da turma e mesmo assim, por um décimo ser reprovado na matéria. Pois não conseguia fazer os desenhos.

Mediunidade?

Meu caminho era mesmo outro.

A quem me queixar?

Se eu o fizesse à minha família isto só agravaria a situação.

Mas eu não estava só, aquela voz que me dizia para ver o resultado do trabalho periódico de Estudo dos Problemas Brasileiros, era a comprovação disto.

Alta e clara, como se viesse de uma pessoa.

Nota dez que eu atribuo a Je-ký, que sabia da importância daquela ajuda num momento que só faltei tombar.

Tive que abandonar o curso.

Capítulo 21

Foi quando surgiu uma oferta de emprego para vender consórcio de automóveis.

Novamente Je-ký.

Desta vez intuitivamente me mostrou que era um bom lugar, visto que Guaracy Vieira, um homem de bem era o proprietário da Empresa. Je-ký também me ajudaria na entrevista, ficou claro.

Foi quando algo inusitado e mesmo engraçado aconteceu conosco.

Para a entrevista de emprego levei no meu currículo o que aprendi com o Espiritismo Cristão, em parte, especificamente o tópico que diz que tudo pertence a Deus e que nós somos apenas os usufrutuários dos bens terrenos.

E num momento de invigilância de minha parte, fui para a entrevista bem convencido que a vaga de emprego era um meu direito adquirido.

Guaracy me entrevistou e percebendo em mim a devida arrogância, me perguntou por fim:

_ Há mais alguma coisa que você gostaria de me dizer?

Je-ký então, na sede da Empresa, me disse:

_ Implora pra ele (a vaga de emprego).

Eu o fiz e Guaracy surpreendido sorriu.

Ele então me deu a vaga.

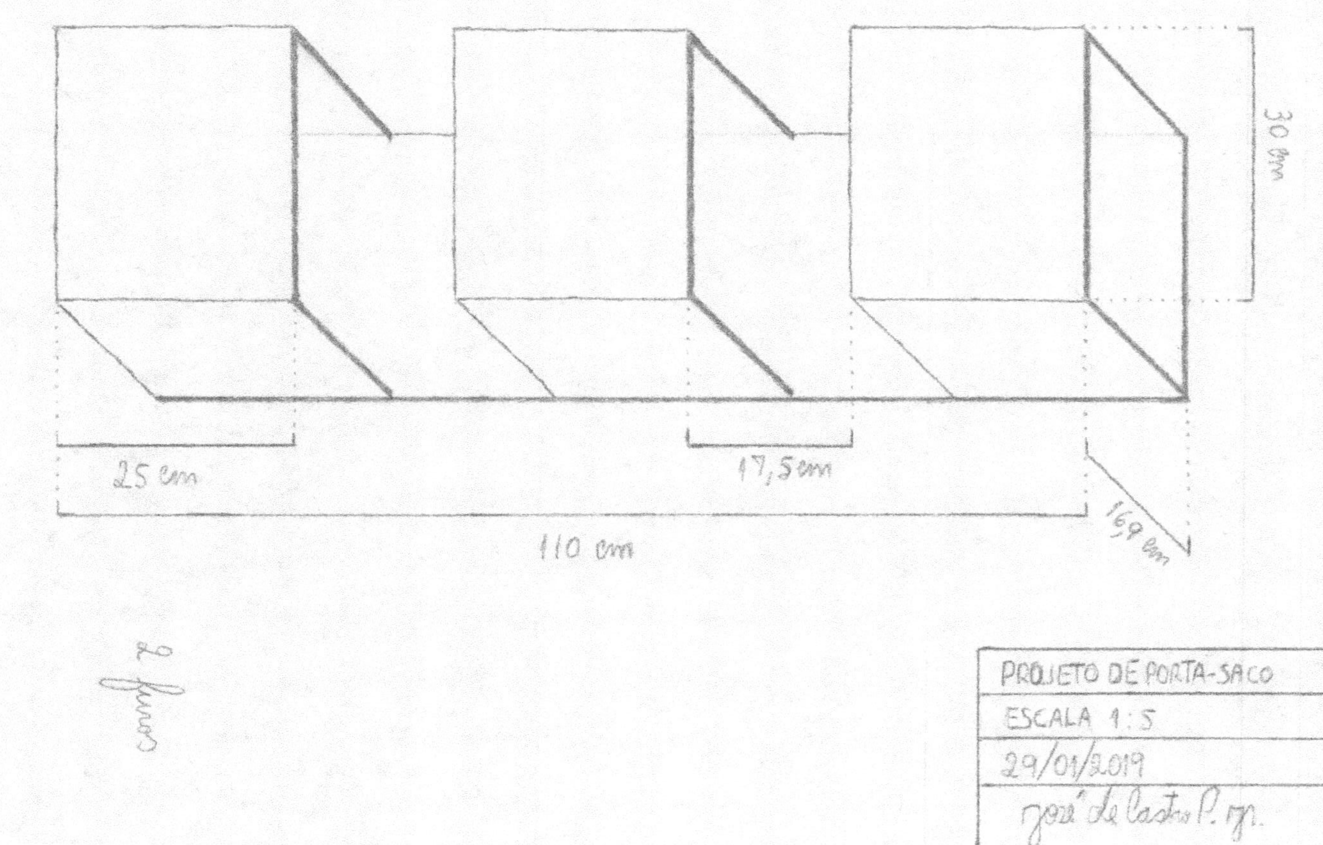

30 cm
25 cm
17,5 cm
169 cm
110 cm
2 furos
PROJETO DE PORTA-SACO
ESCALA 1:5
29/01/2019
José de Castro P. Op.

Capítulo 22

Sem conseguir vender uma única carta de crédito tive que deixar o emprego.

Surgiram então duas outras vagas em outras Empresas.

Je-ký me disse:

_ Você escolhe.

Uma era numa concessionária de motos. Eu como não conseguia escrever tive que abrir mão. A outra era para vender móveis.

A resistência foi até aí.

" Je-ký me segurou pelos cotovelos".

Pouco tempo depois conheci Magali e Chamas de Amor, que me acolheram como jamais outras pessoas fizeram antes, fossem profissionais, religiosos, ou amigos.

Houve gente que disse a ela:

_ Esse rapaz vai morrer.

_ O que houve com esse moço, ele era nadador.

E uma terceira:

_ Você é de coragem, eu não faria isso (me assumir).

Deus lhe pague Magali.

Deus lhe pague Je-ký. Um amigo verdadeiro sendo me apresentado.

Capítulo 23

A Senhora Magali é uma pessoa que cursou apenas a quarta série do ensino fundamental.

Porém ainda não nasceu uma pessoa que desabonará a sua conduta nesta existência fazendo uso da verdade.

De certo esperar dela a eloqüência quanto aos postulados espíritas seria desumanidade de qualquer um, mesmo assim teve espírita desta cidade que foi até sua casa para pôr em prova a sua fé.

Porém ouviu dela provavelmente de Je-ký o que também mereceu.

Os últimos serão os primeiros.

Não conheço outro alguém que tenha dos Espíritos maior zelo.

E por vezes eu próprio, incapaz de saber lidar com uma pessoa com menos estudo que eu, já cheguei a ferir seu amor próprio. Demérito meu.

Peço-lhe desculpas.

Algo que Je-ký não deixou passar em branco e me disse:

_ Juninho, o que você quer me dar para eu o deixar?

A vaidade do diploma, algo que ela não tem é grande empecilho entre o Céu e a Terra.

Ela é a pessoa mais útil que conheço.

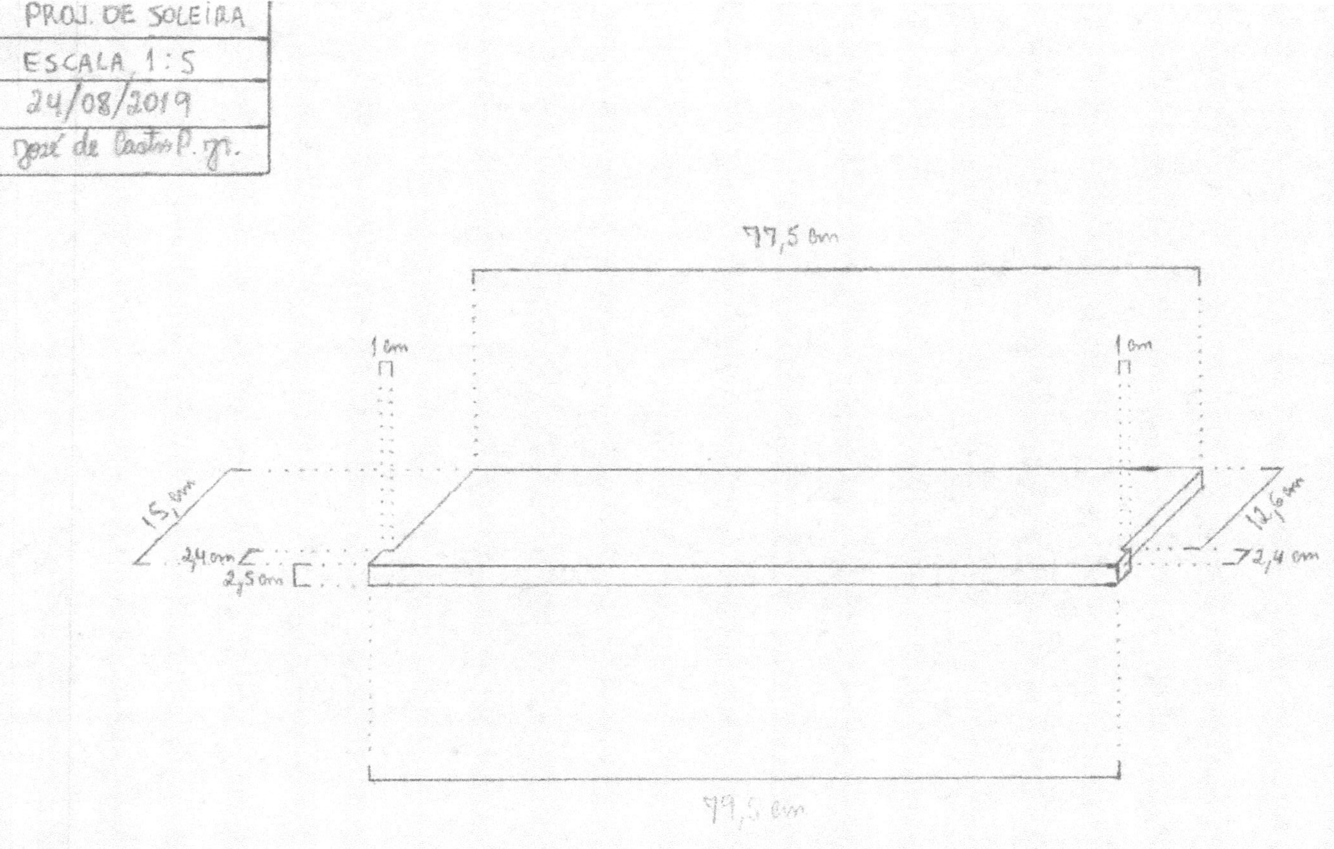

PROJ. DE SOLEIRA
ESCALA 1:5
24/08/2019
José de Castro P. Jr.
77,5 cm
1 cm
1 cm
15,8 cm
12,6 cm
2,4 cm
2,5 cm
72,4 cm
79,5 cm

Capítulo 24

Eis então o meu direito de resposta.

Certa vez procurando algo de espírita na internet que me confortasse, me deparei com um irmão que não foi feliz ao afirmar que x por cento (a maioria) dos médiuns são homossexuais. Sem fazer qualquer pesquisa ou estudo do assunto ele disse isso.

Pois afirmo perante esse crucifixo aqui em minha frente que graças à mediunidade que Deus me deu, o sexo é pra mim um ponto forte.

E vou explicar por quê.

Li de Emmanuel que o menino solto é semente do celerado.

Fui um menino solto, mas devido à atuação de Je-ký e os demais, o celerado não teve êxito comigo em seus maus intentos, e oportunidade não faltou.

Nos meus nove ou dez anos, quando pensava que uma criança para vir no mundo bastava que o pai e a mãe dormissem na mesma cama, comecei vagarosamente a entender a verdade. E sem saber ainda qual era, eu e meus coleguinhas confiamo-nos uns aos outros as primeiras intimidades.

Mas não havia sequer ereção.

Foi o bastante para que aquilo me traumatizasse durante longos anos.

A duras penas fui compreendendo que o problema era até comum na vida de outros homens.

Conhecido de meu pai, na brincadeira que intentou havia me caluniado para um freguês seu, de algo que este último havia feito nos meandros do sexo.

Recebi da vida o que mereci.

Todavia em Chamas de Amor eu confessei tudo que passou em minha vida a Je-ký e ele compreensivo me disse a princípio:

_ Seu erro foi confiar àqueles seus colegas a sua intimidade.

Mas não ouvi algo consolador que justificasse a existência daquela casa e nem mesmo me senti melhor.

O tempo passou, nunca senti interesse pelo mesmo sexo, mas pude presenciar em desdobramento espiritual que um celerado pode ser alguém que não desiste fácil de seus objetivos mórbidos.

Resisti àquela tentação e para tanto estava preparado para usar da força àquele espírito que punha a sua mão em minha perna.

Na vida parece às vezes que temos que superar um problema para que a explicação venha depois.

Pois se Magali não pôde receber por escrito nenhuma prescrição a respeito disso pra mim, Je-ký trabalhara com meu espírito e intuitivamente ele me mostrou, quando Deus permitiu, que o meu erro quando criança era apenas um erro de criança.

Recentemente aquele, até então menino que me ensinou as primeiras lições sobre o sexo, em desdobramento espiritual se encontrou comigo e a partir de um diálogo amistoso tive um doloroso problema resolvido.

Uma coisa eu sei, o bem que Je-ký me fez na vida foi maior do que tenho conhecimento.

Que Deus lhe abençoe meu Amigo.

Capítulo 25

Doeu-me aquela minha demissão da função pública que conquistei através de concurso, na EMATER-MG.

Ocupar um cargo público não é mesmo algo fácil, não pelo trabalho em si, mas devido às perseguições tão freqüentes a quem se dispõe a servir.

Arnaldo, funcionário nomeado da Prefeitura de Carmo da Cachoeira na época, a quem eu tentei estabelecer as melhores relações profissionais, se aproximou de mim na sede da Empresa e disse:

_ Aqui você obedece ao Antônio (EMATER-MG) e o Antônio me obedece.

E lhe respondi:

_ Eu não obedeço a qualquer ordem.

A partir de então o secretário se aliou aos respectivos administradores da EMATER-MG para me demitir.

Todavia enquanto não conseguia seu funesto intento, usava de comentários pouco decorosos para uma pessoa que se dizia superintendente.

Numa daquelas piadinhas provocadoras Je-ký me incorporou e disse ao irmão, que estava na sala ao lado:

_ Arnaldo, deixa de ser hipócrita.

O mesmo, quem devia ter aceito o conselho do nobre Mentor se dirigiu outra vez até mim e de Je-ký ouviu o restante, tudo aquilo que não lhe daria mais o direito de repetir:

_ Luz Para Todos (programa do Governo) aqui em Carmo da Cachoeira sou eu.

Capítulo 26

Nem tudo na Empresa de Assistência Técnica e Extensão Rural de Minas Gerais eram parasitas e carrapatos.

Aquele dia nove de maio de 2005 foi um dia muito feliz pra mim.

Acostumado a ouvir de terceiros que homem honesto no Brasil não vence, eu graças aos Espíritos, abaixo de Deus, fui aprovado em primeiro lugar no concurso público e naquela data, eu e dezenas de jovens tomávamos posse na sede do escritório central da EMATER-MG em Belo Horizonte.

Na véspera os Amigos espirituais até me permitiram acompanhar os colegas hóspedes do mesmo hotel a uma lanchonete para uma educada confraternização.

O que os Amigos espirituais não me garantiram é que o local era mesmo uma lanchonete e que a confraternização seria em clima de reciprocidade.

Pelo andar da carruagem a conversa abordou um assunto bem próximo da agropecuária: os rodeios.

Tendo então o que conversar com os futuros parceiros me animei e disse ao colega do lado que eu não gostava do tratamento dado aos touros nos rodeios.

E se posso garantir que a minha inspiração provém do mais alto posto da nobreza do Além, o mesmo não o faço para com quem confia mais no aquém e no copo de cerveja para tecer seus argumentos.

Uma moça que não conheço e que pelo ar da graça era metropolitana com muito orgulho, ouvindo o meu parecer disse para todos que estavam à mesa:

_ Eu mexo com rodeio e lá não tem nada disso, agora se Lavras é uma roça eu não sei.

Je-ký não estava satisfeito com a minha presença naquele bar, mas mesmo assim tomou a palavra e disse à interlocutora:

_ Essa coisa de rodeio são alunos universitários de São Paulo que levaram pra Lavras.

Segundo a amiga daquela moça aquele *round* eu tinha ganho. Elas então se retiraram e graças a Deus o debate encerrou-se ali e voltamos para o hotel.

No dia nove fomos para a EMATER-MG onde ocorreu a formalização. Nosso primeiro dia de trabalho.

Palestras, vídeos, treinamentos e até brincadeiras.

Quase todos éramos auxiliares administrativos exceto um rapaz que tive o prazer em conhecer, um humilde vigilante que junto de nós era empossado naquele clima de só alegria.

O mesmo rapaz também aniversariante empolgado disse em voz alta:

_ Pela EMATER-MG eu dou a minha vida.

Foi quando Je-ký se aproveitando de todo aquele contentamento me incorporou e disse para o colega em voz alta:

_ É, espero que a EMATER também dê a vida dela pela sua.

Eu sem ter a mínima inclinação para o lado humorístico arranquei da instrutora e daquela turma inteira muitas gargalhadas.

Ficou claro pra mim que Je-ký não é nem um pouco mal humorado.

Prosseguiu o dia de trabalho e à certa altura alguém perguntou quem eram os chefes dos escritórios locais onde fomos trabalhar.

Foi quando uma colega preocupada disse:

_ Mas o que a gente faz com o chefe autoritário?

Eu então e não Je-ký tentei orientá-la:

_ Processa-o.

A boa impressão que todos tiveram de mim, pelo que Je-ký havia dito anteriormente, parecia ter acabado ali, com exceção de um só colega que fora concorde comigo.

O que eu não sabia e que Je-ký sim, era que eu teria que dar o meu testemunho de tudo aquilo que disse naquele feliz dia nove.

A caminho da rodoviária eu encontrei com o meu ex-colega vigilante e o cumprimentei pelo seu aniversário e lhe desejei sucesso na digna profissão que abraçara.

PROJ. DE PORTA-MANGUEIRA
ESCALA: 1:2.5
25/01/2020
10 cm
10 cm
20 cm
24 cm

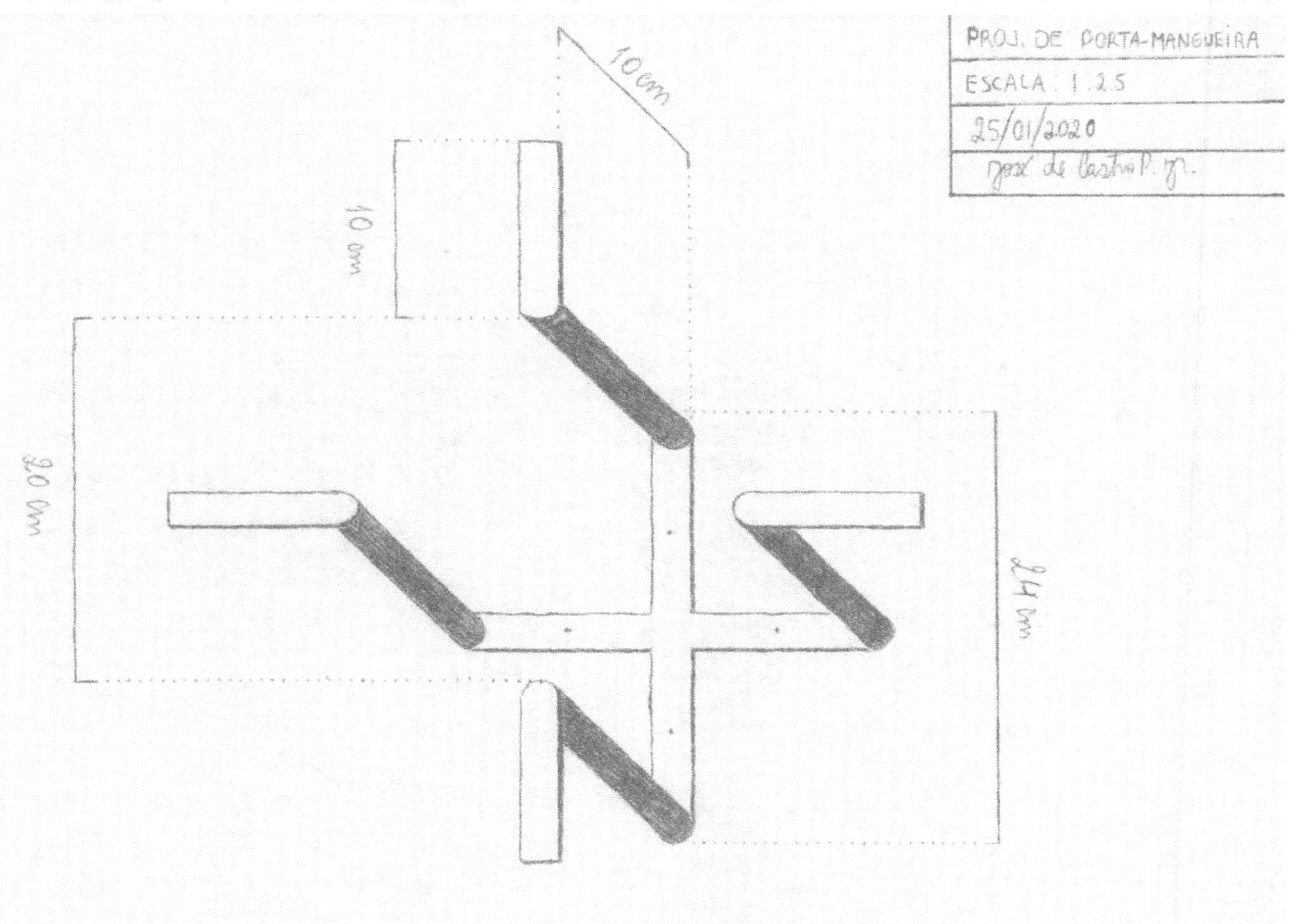

91

Capítulo 27

Gente honesta vence na vida e vence a morte, prova disto são as existências de espíritos como Je-ký, que não se curvaram diante do corruptor, conheceram a verdade e a põe por obra.

Je-ký disse à Magali, numa época quando ela só tinha uma colher de arroz para fazer ao filho, que iria em casa para almoçar:

_ Pouco com Deus é muito, muito sem Deus é nada.

Um ditado já conhecido, mas perfeito ao que ela, eu e mais pessoas necessitávamos saber.

Eu, de minha parte estava insatisfeito com os parcos resultados obtidos com minha mediunidade.

Este era o meu caminho e por parte de Je-ký tive todo o apoio. Tanta graça.

Então fui compreendendo o valor de ter um compromisso com Deus. Algo que nos permite ser e existir, nada de necessário nos faltando. Literalmente sintonizado com o bem sendo feito no mundo.

Pouco com Deus é muito, para tanto bastaram poucas moedas para que aquela Senhora viúva entrasse para a história como uma das liçõcs mais importantes já vistas [7]. A que mostra ao homem que um Zé Ninguém e um Sem Ninguém pode ser muito útil no mundo.

Pode ele ser um copo d'água a matar a sede de luz num imenso deserto social, ou o exemplo vivo a saciar a fome de Deus, pelo simples fato de fazer com sua fé, coisas que afortunados não fizeram e não fazem.

O homem desonesto pode ser trilionário, mas jamais vai receber da vida o que todos nós desejamos: a glória pelo próprio mérito.

Porque Deus e Suas leis existem.

---

[7] Evangelho conforme Lucas 21:1-4.

Capítulo 28

Amigo de todas as horas, de todos os minutos, de todos os instantes.

A estação rodoviária de Lavras tem em seu entorno várias ladeiras e um dia quando estava indo para a cidade de Ingaí a trabalho, me atrasei um pouco e quase perdi o ônibus, que teve que parar de fora da rodoviária para eu embarcar.

Porém entre mim e o ônibus estava aquela grande enxurrada de tinta ocupando a rua, que saía de uma loja de material de construção.

Tive que correr e passando sobre esta escorreguei e quando ia cair de costas sobre aquele jorro, sem que eu pensasse e fizesse algum esforço Jeký girou meu corpo cento e oitenta graus no ar para que eu caísse apoiado nas mãos e pés somente. Foi algo até cinematográfico. Exceto as mãos não me sujei.

Uma vez entrei na sede do PROCON em Belo Horizonte e uma coisa me chamou a atenção. Olhei para um mural e lá estava uma lista de marcas de café, suas respectivas impurezas e porcentagem das mesmas em cada marca. Trinta, cinqüenta, sessenta por cento mais ou menos isto.

Em Ingaí o meu ofício de ruralista às vezes eu o exercia fora da cômoda sede da EMATER-MG e para tanto Je-ký dava o tom.

À rua perto de mim estavam uma senhora e um homem agropecuarista. Bem certo que o momento era proveitoso e engraçado, Je-ký me fez lembrar de minha ida àquela sede do PROCON e usando deste mesmo aparelho, disse aos que nos ouviam:

_ Café com sessenta por cento de impureza de milho não é café é fubá.

Logo sorriram.

Por onde passei naquela cidade os Amigos espirituais deixaram suas sementes e pelo que me foi dito, aquele povo estava satisfeito com "meu" trabalho, graças a Deus.

Capítulo 29

Je-ký é meu super-herói.

Morei sozinho em Ingaí, eu e os Espíritos e durante os dez meses que lá estive, dedicamo-nos tão somente à EMATER-MG e a psicografia da obra O Fundamental.

Terminando a mesma requeri ao EDA o registro de direitos autorais.

Fiquei sendo conhecido por muitos daquela cidade inclusive pelo carteiro.

Giovani meu ex-chefe insatisfeito com a minha presença maquinou a minha transferência de lá.

Fui então para a cidade de Carmo da Cachoeira.

Poucas semanas depois o meu novo chefe seria transferido também.

Enquanto o substituto não ocupava a vaga de Engenheiro Agrônomo, eu atendia ao público como podia.

E uma moça desejosa de fazer um PRONAF, crédito rural para o qual a EMATER-MG expedia o projeto imprescindível para tal, impaciente reclamara a Marco Antônio Canestri, gerente regional da Empresa, que eu a maltratara. Algo que não fiz.

Porém Lorenso, veterinário da Prefeitura de lá, já havia me dito que tal moça não tinha direito ao PRONAF. O qual é destinado à agricultura familiar, portanto ao público de baixa renda.

O gerente e acompanhantes organizaram, sem eu saber, uma reunião comigo onde as ameaças aconteceram e insistiram que eu assinasse um documento repleto de mentiras a meu respeito para o entregar ao presidente de Empresa.

O que eles não sabiam é que eu não estava só.

Je-ký comigo lhes mostrou os equívocos e disse em meu nome:

_ Não vou assinar. Etc.

Tudo que foi dito agradou profundamente o Alto e, creio, diante da Lei de Ação e Reação, logo depois da inopinada reunião, aquele que passaria ser meu novo chefe, Antônio Augusto me entregara uma correspondência, era o nosso Certificado de Registro ou Averbação de O Fundamental, que o EDA acertadamente enviara para Ingaí.

E o carteiro daquela cidade o entregara no escritório local da EMATER-MG.

Antes que a correspondência chegasse nas minhas mãos, ela passou pelas sedes de Ingaí, Lavras e Carmo da Cachoeira, logo com exceção de José Silva, o presidente da Empresa, nas mãos de todos os demais que quiseram me ver no olho da rua.

E como dificilmente seria diferente a correspondência foi violada em tal trajeto.

A princípio fiquei chateado, porém Je-ký me mostrou que eu não devia me preocupar com nada, porque dentro daquele envelope estava justamente o que tais administradores não queriam ver em mim: O meu atestado de produtividade.

De um livro religioso, de um cristão que amava o que fazia e faz e que não tinha motivo algum para maltratar aquela bela jovem.

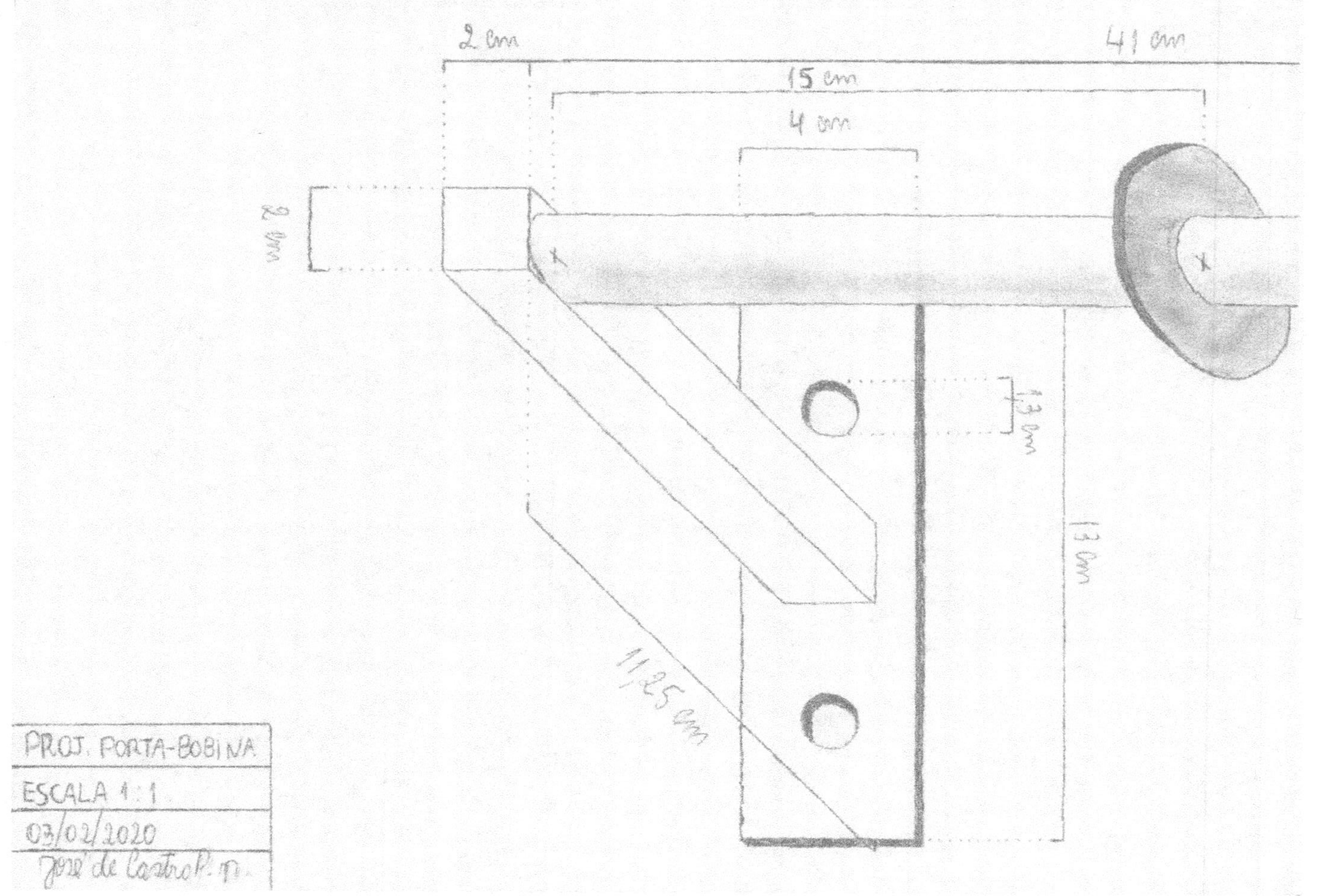

2 cm
41 cm
15 cm
4 cm
2 cm
1,3 cm
13 cm
11,25 cm
PROJ. PORTA-BOBINA.
ESCALA 1:1.
03/02/2020
José de Castro P. m.

Capítulo 30

Sélem em seu livro escreveu que o ser humano tem repulsa pela presença de Deus. Prova disto foi o que fizeram com Jesus Cristo e alguns cristãos ao longo da história.

Repulsa à verdade, ao que é sagrado, ao que é perfeito.

Considerando que nós somos apenas um aluno desta escola que estes construíram, não seria justo e certo que eu deixasse de freqüentar as aulas propícias ao meu adiantamento espiritual.

Tais administradores da EMATER-MG nada fizeram para que eu ingressasse naquela Empresa e igual a mim, os testemunhei demitindo outra colega, dando a ela uma ordem de transferência para que a mesma saísse da Empresa. Tal colega havia passado também em primeiro lugar no concurso para sua região.

Comigo enquanto não conseguiam a sórdida ação, Je-ký teve tempo de lhes ensinar que um subordinado quando é realmente subordinado o é primeiramente a razão e que eu estava ali para auxiliar administrativamente, fizesse chuva ou sol.

Antônio Augusto me disse que a gerência tinha marcado uma reunião na sede regional de Lavras e que devíamos ir.

Viajamos e ao chegar em Lavras lhe disse que ia passar em casa para tomar um banho e almoçar.

À tarde fui para a regional e lá chegando, para minha surpresa, Marco Antônio reuniu ao meu redor uns treze ou quatorze funcionários para me intimidar e novamente ele, com aquele documento repleto de inverdades a meu respeito, tentou fazer que eu o assinasse.

Je-ký sabendo que um lugar ao sol é uma coisa santa e que, uma coisa santa deve ser tratada santamente, me incorporou e disse àquele irmão e seus seguidores:

_ Eu não vou assinar, você tem as suas testemunhas aí, não precisa que eu assine. Necessita de mim para mais alguma coisa?

Como não houve, Je-ký então me fez ir embora com a certeza do dever cumprido.

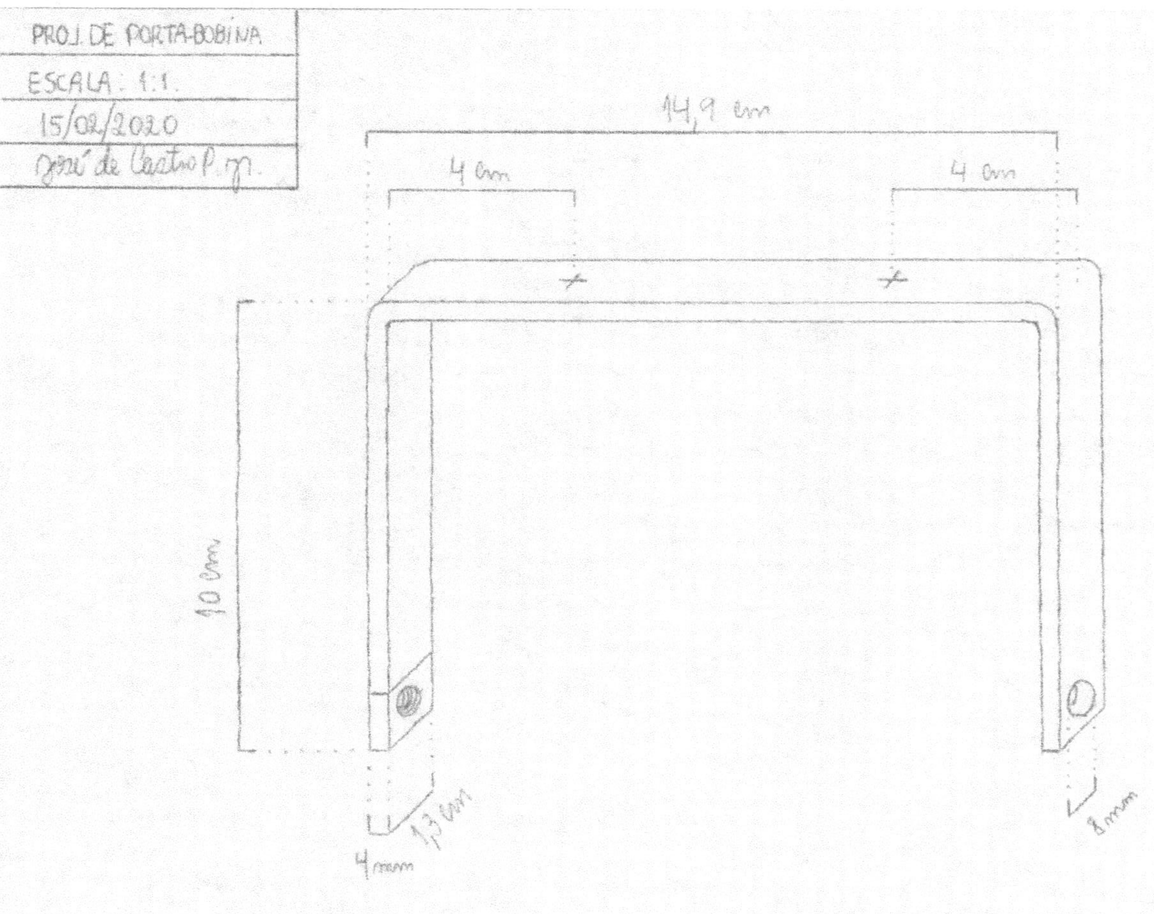

PROJ. DE PORTA-BOBINA
ESCALA: 1:1.
15/02/2020
José de Castro P. M.
14,9 cm
4 cm
4 cm
10 cm
13 cm
4 mm
8 mm

Capítulo 31

Não sei precisar se o meu ingresso na EMATER-MG foi por força das circunstâncias, visto que eu necessitava trabalhar para viver. Não obstante por mensagem psicografada com Sélem, ela me orientou a fazer um concurso público.

Emmanuel escreveu com Chico Xavier que "... E, quando convocado deve aceitá-las não como galardão para a doutrina que professa, mas como provação imperiosa e árdua". [8]

Ele se referia à função pública. Entretanto a palavra êxito também foi usada pelo Instrutor.

Posso dizer que a experiência é uma das recompensas do funcionário verdadeiramente bem sucedido no desempenho de sua profissão.

Fui demitido e mesmo o Tribunal Superior do Trabalho disse não aos meus interesses, que eram

---

[8] O Consolador; p. 49. 23ª ed. Francisco C. Xavier/Emmanuel. Brasília. FEB. 2001.

trabalhar, produzir e ganhar o meu pão com o suor do próprio rosto.

Jesus Cristo, a Sua situação também parecia simples, César disse que não via crime algum naquele homem, porém um criminoso de hoje em dia, nas mãos da justiça dos homens não recebe uma punição tal como fora a d'Ele há dois mil anos.

Ele não tinha o que expiar.

Jesus foi vitorioso? Se foi eu com as minhas possibilidades, graças a Je-ký e aos outros Espíritos, também fui.

Não procurei uma situação de evidência, porém conforme escreveu também Emmanuel "todo ataque à verdade pura serve apenas para destacar e exaltar essa mesma verdade". [9]

Quem sou eu?

Eu sou apenas a possibilidade de um espírito encarnado vencer o mundo, se aproximando de seres superiores por evolução e mérito, que amou as Empresas que trabalhou, a pátria, mas antes de tudo amou a Deus. E este não me demitiu graças a Je-ký, Dr.

---

[9] O Consolador; p. 205. 23ª ed. Francisco C. Xavier/Emmanuel. Brasília. FEB. 2001.

Augusto Silva e Sélem. Tenho certeza disto e para tanto dou "a minha palavra".

Capítulo 32

Je-ký, em mensagem mediúnica com Magali, salientou a importância de noticiarmos um fato, uma história e sobretudo um comunicado mediúnico sem acrescentarmos ou retirarmos uma só letra. Ou seja um entre aspas tal como seu autor e criador o fez.

A Senhora Magali me disse que nos anos que Sélem sua mãe passou entrevada numa cama, Je-ký através de uma das cuidadoras, médium que era, prescrevia nomes de ervas para seu tratamento. Os esposos daquelas distintas cuidadoras se encarregavam de procurá-las em matas.

Je-ký era bem dizendo um fisioterapeuta quem como espírito, apresentado por Doutor Augusto Silva, acompanhou os dolorosos cinco anos que Sélem esteve enferma, e quando se recuperou foi um braço direito que ela teve na prática de tanta caridade como fez.

Capítulo 33

Disse Jesus:

_ Eu e o Pai somos uma mesma coisa.

Disse ainda:

_ Meu Pai até agora não cessa de obrar, e eu obro também incessantemente.

Já se disse que o Cristo era o médium de Deus.

A talvez perfeita sintonia de Chico Xavier com Emmanuel por vezes emprestava ao médium a identidade de seu instrutor, nos textos, nos livros, nas entrevistas.

Mediunidade é renúncia, mas é vantagem.

Je-ký e os demais Amigos espirituais me disseram que os seus passatempos são o trabalho.

Eles me pedem para esperar.

Eles me dizem que há boas coisas pela frente e que devo aproveitar o tempo, no trabalho.

Então eles me deram várias incumbências. Enquanto se divertiam com os mesmos projetinhos, eles providenciavam que as mesmas obras saíssem do papel. Literalmente punham a mão na massa. Aumentando a minha comodidade e de meu irmão na nossa casa.

Soluções.

Médium desenhista, saber disso pra mim foi até surpresa, pois eu até já fora criticado na escola.

Selém disse a meus pais que a minha mediunidade seria uma graça na minha família.

Materialmente até eu vejo isso.

Sem falar nos ensinamentos doutrinários do Mentores para os quais eu tiro o chapéu.

Eu acrescento a esta biografia alguns desenhos que Je-ký fez por meu intermédio, quem apesar disso afirmara com Magali:

_ Eu não sou Sélem que é paciente com vocês.

Capítulo 34

Eu disse à amiga Magali agora há pouco por telefone que hoje foi um dia que tudo deu certo, até uma nota de cem reais falsa eu encontrei na rua.

Terminei a reformulação dos arquivos da biografia de Sélem e enviei à FEB, conheci uma Empresa na minha cidade para incinerar os papéis que necessito e o meu tratamento de dente parece estar indo bem.

E a nota que encontrei na calçada bem perto da nossa casa.

Mas antes de explicar porque Graças a Deus, eu vou remontar novamente aos meus tempos de EMATER-MG e narrar o que julgo útil hoje ainda, o que Je-ký e os demais me fizeram quando o respectivo dever era daqueles administradores da Empresa, que não me concederam alguns dos meus direitos trabalhistas, como por exemplo o pagamento do vale-transporte intermunicipal, pago à minha antecessora nas mesmas condições.

Sem saber como ele fazia isto Je-ký me levava em lugares onde alguma pessoa perdia algum dinheiro.

Era pouca coisa, mas o que eu necessitava no momento, uma vez que por questões judiciais eu não podia contar com a ajuda de ninguém financeiramente capaz.

E isto se repetiu a ponto de me encorajar a andar pelas ruas com a expectativa de encontrar mais, e encontrava.

Quanto ao graças a Deus Je-ký organizou hoje uma situação propícia a uma valiosa lição, quando muitíssimo nós temos que agradecer a Deus no dia-a-dia.

Após a surpresa de ter encontrado cem reais, a decepção de verificar que era uma nota falsa não nego. Porém Je-ký intuitivamente me mostrou o meu equívoco.

Descobri que foram uns transportadores que faziam a mudança dos vizinhos ao lado que puseram a nota dobradinha na calçada. Ao chegar em casa.

Passaram-se as horas e fui para o banho quando tive a ideia de me dirigir a eles e lhes explicar o porquê do graças a Deus.

Ao abrir a porta do banheiro Je-ký me sugeriu, da janela do meu quarto mesmo, falar com os trabalhadores brincalhões, e para minha surpresa eles estavam sentados na escada da calçada, como se estivessem prontos para ouvirem uma palestra.

Disse-lhes:

_ A nota que vocês colocaram ali graças a Deus era falsa.

Um dos rapazes retorquiu:

_ Foi você que achou?

Eles sorriram.

Je-ký continuou:

_ Sabe por que graças a Deus?

Ouviram.

_ Porque ninguém perdeu. E poderia ser uma pessoa necessitada.

Eles então admirados concordaram unânimes:

_ É verdade.

Capítulo 35

Enquanto eu elaborava a biografia de Sélem, Je-ký por meu intermédio e pelo de Magali me dava instruções.

E numa dessas, quando eu querendo colher informações relacionadas com a mãe de Magali junto a esta, ele por seu intermédio me escreveu:

_ O que não pode continuar e essa sua vaidade.

Pois ele sabia que o conhecimento me oferecido pelos preclaros Espíritos era o bastante, para eu honrar o nome daquela que também foi a minha mãe em alguma existência.

Capítulo 36

Se todos fossem mais humanos a Terra seria um paraíso, foi uma das coisas que disseram os Espíritos em Chamas de Amor.

Após a minha demissão da EMATER-MG em outubro de 2007, a orientação dos mesmos era para que eu voltasse a residir com minha mãe, pois eu tinha esse direito, conforme eles.

Porém ela tinha sido interditada judicialmente por meus irmãos.

O convívio entre mim e eles não era dos melhores, então propus à Ângela que ela, com o dinheiro de minha mãe pagasse um aluguel pra mim, em troca ela e o marido morariam no meu lugar.

Enquanto pleiteava na Justiça do Trabalho o meu retorno a EMATER-MG.

Maristela escreveu numa carta que a Ângela tinha comprado pra mim alguns móveis e que era pra eu não dar pra ninguém.

Em 2010 ela e os meus outros irmãos me processaram pedindo a minha interdição também.

E para agravar a situação o vizinho do apartamento de cima do qual eu morara, passou a jogar resíduos sólidos pela tubulação o que me prejudicou.

Conforme a imobiliária "elas lá" (as donas do apartamento) impediram que a mesma resolvesse o problema e quando tudo pareceu um barril de pólvora prestes a explodir, Je-ký tentou me tranqüilizar quanto à interdição e num domingo, onde o centro da cidade é pouco movimentado, ele intuitivamente me orientou a fazer uma festa: os móveis do apartamento eu devia doá-los aos garis que estacionaram o caminhão na mesma rua que eu morava.

Na casa de minha mãe não havia espaço.

Se eu os vendesse meus irmãos desfariam o negócio.

E como perante Deus eles me pertenciam, eu tenho só que agradecer aos Amigos espirituais por mais esta prova de amizade e bondade que sempre lidaram comigo.

Os garis, uns cinco ou seis entraram no apartamento e agradecidamente levaram tudo.

Capítulo 37

Quando pleiteava junto à Justiça do Trabalho o meu retorno à EMATER-MG, Je-ký me orientou que tudo que eu escrevesse eu acrescentasse o nome Deus.

E sempre encontrei situações propícias para isso, nada mais que a verdade.

Se um tribunal, na sua personalidade jurídica, não puder servir aos propósitos da lei do Senhor, não terá definitivamente serventia pra coisa alguma.

Capítulo 38

Hoje 9 de outubro de 2020 por necessidade desfiz de meu arquivo de mensagens psicografadas. É a segunda vez que providencio a incineração das mesmas, 869,41 quilogramas de papel. A primeira foi em 2005. Algo que eu não teria coragem de jogar no lixo. Je-ký, através da amiga Magali, me orientou a fazê-lo e até me mostrou em Lavras a empresa especializada para isto, a Pró Ambiental.

Sem que eu atribua a mim a autoria, dentre elas havia importantes ditados doutrinários e afirmo que uma só das que me refiro, compensaria vinte e cinco anos de mandato mediúnico.

Tempestivamente foram enviadas à Federação Espírita Brasileira, graças a Deus.

Capítulo 39

Ainda outrora quando não conhecia as únicas palavras do dicionário de Sélem, amor, paz e fé, um espírito pensava no meu bem estar e de minha família, até então desconhecido, Je-ký, com unhas e dentes defendia os meus direitos e deles.

A casa que foi de meus pais já foi considerada uma mansão e sonho de consumo de conhecidos meus.

Porém Je-ký foi quem me disse com palavras do bom português a seguinte frase:

_ Não venda a sua casa.

Esta ideia nem passava pela minha cabeça, ainda mais porque a casa não era minha. E sem saber o porquê do conselho do Grande Amigo, o guardei como segredo.

Acreditariam em mim?

Pouco tempo depois um homem conhecido nosso me perguntou:

_ Seu pai está vendendo a casa do bairro Centenário?

Disse-lhe que não. A verdade.

O fato corroborou para que hoje eu reflexionasse a respeito do seguinte assunto: o homem procede certo ao desejar comprar um bem de outra pessoa que não esteja à venda? Ou que ele não saiba se está ou não à venda?

Pode ser que o nobre leitor responda que sim.

Mas considerando o ensinamento do Mestre, não seria mais cristão fazer aos homens tudo o que queremos que eles nos façam, como por exemplo evitar-nos o risco inerente a tudo na vida.

Que Deus lhe dê em dobro; não venda o que possui; conserve para seus filhos; você não sabe o dia de amanhã. Frases como estas não se ouve com tanta freqüência, não é.

Ainda mais de quem conhece o ponto fraco do seu semelhante e usa disto para persuadir.

Je-ký foi meu amigo até quando os meus próprios irmãos, contra mim na justiça, tentaram vender a casa de nossa mãe. E eu confiando mais num advogado do que em Deus, assinei aquela petição para a interdição dela, que adoecera.

Uma armadilha nada legal.

Eu só pude dizer ao juiz que minha mãe não necessitava de interdição. E este me perguntou:

_ Mas por que você quer interditá-la?

Eu respondi:

Porque Doutor Nirlei (Nirlei Vilela de A. Junqueira) disse que tem que interditar.

Todos contra mim, exceto Je-ký e os demais Espíritos, que me compreenderam no momento que só quis seguir as determinações da Doutora Luciana Cherem, que atestou que minha mãe devia permanecer em sua casa enquanto vivesse. O advogado sequer juntou aos autos do processo tal atestado.

Meus irmãos interditaram a minha mãe e mais tarde a mim. Mas graças a Deus a Lei do Retorno não demorou em ser aplicada.

Uma decisão judicial ilegal, visto que para tal eu teria que ser incapaz, ou pródigo.

Interdição é ação desumana.

Senão perguntar-se-ia, quem gostaria de ser interditado mesmo estando doente?

No ordenamento jurídico brasileiro há outro caminho para situações assim.

Mas parabéns para Deus.

Apesar dos pesares, graças a Ele, a Je-ký e aos demais eles não conseguiram vender a casa enquanto minha mãe esteve encarnada.

O ser humano, pelo gosto do dinheiro, pode até achar bom receber uma tentadora proposta de compra de um bem seu, mas uma coisa é certa, quanto menos riscos se corre na vida melhor.

Ainda mais quando não se conhece o invisível.

Je-ký e os outros não discordaram de mim quando tentei pedir ao poder judiciário a proibição da venda da casa da minha mãe, o que eles não concordaram é que eu assinasse aquela procuração.

Je-ký havia me pedido para não vender a casa e eu, mesmo tentando fazê-lo no erro, não me abandonou quando comecei a colher o que plantei.

Perguntar-se-ia também, mas por que Je-ký não proibiu você de assinar a procuração de interdição?

Porque Deus não permitiu, para tanto os homens têm a Lei e os profetas, têm Jesus e o Espiritismo, têm o versículo 12 do capítulo 7 de Mateus, perante o qual o homem tem se equivocado inúmeras vezes.

A casa que moro atualmente ficaria mais cômoda se a Dona Ioli, uma Senhorinha moradora da casa acima da nossa, nos vendesse uma faixa de terreno de aproximadamente dois metros quadrados, mas graças a Je-ký eu não ousarei propor e nem aceitarei dela tal negócio, dou a minha palavra.

Pela minha mãe.

Conclusão

Poucas as vezes eu vi alguém "falar mal" de tanta gente tal como fez Jesus Cristo.

Para Ele fariseus e publicanos eram um povo que não prestava.

Maldizente? Claro que não. [10]

Falar mal é outra coisa.

Fui interditado na justiça dos homens, mas não na de Deus. Faço o que tenho que fazer e em nada meu mediunato foi prejudicado. Porque graças a Je-ký, Dr. Augusto e Sélem a nossa caridade sobreviveu para contar a história.

Caridade, quando pleiteava na justiça, como desejei uma justa referência que me fizesse dirigir a profissionais que colocassem a Deus acima de tudo...!

A Regra de Ouro [11] me motiva a conservar este trabalho, bem certo que o que escrevi ao nobre leitor, ou leitora é o que eu gostaria de ter lido, ainda mais

---

[10] Vide Evangelho conforme Marcos 12:17.
[11] Mateus 7:12 e recíproca.

quando não sabia a quem recorrer para me ajudar nas provações que passei.

Os Espíritos me escreveram:

_ Conte só com Deus.

E estou aprendendo a fazer isso.

Acreditando até que isso seja uma coisa normal.

Normal, eu sou uma pessoa saudável, graças a Deus e para tanto me coloco à disposição do EDA e desta Editora, para provar e sustentar isso, inclusive em juízo se necessário for.

Tenho necessidade de falar a verdade sobre as pessoas que citei?

E se eu não o fizer não estaria incorrendo em erro? Dentre elas há homens públicos.

O tempo irá dizer.

Je-ký, há poucas semanas, através de Magali, me perguntou se eu saberia qual é o seu objetivo, agora começo a descobrir qual seja.

Diante dos fatos aqui citados, acredito que o leitor, ou leitora tenha sabido, em menos tempo que eu de que se trata.

Este ano fizeram vinte e cinco anos que ele me foi apresentado, confesso que até o dia de hoje, 17 de outubro de 2020, nunca pensei que Je-ký pudesse ser meu anjo-da-guarda. Após me abençoar, às 15 horas e 43 minutos ele em mensagem mediúnica, como sempre sucinta e tempestivamente me dirigiu:

_ Entendeu?

Índice

Índice

Índice

Índice

Índice dos Desenhos

Siglas

RG – Registro Geral.

CPF – Cadastro de Pessoa Física.

ESAL – Escola Superior de Agricultura de Lavras.

EMATER-MG – Empresa de Assistência Técnica e Extensão Rural do Estado de Minas Gerais.

EDA – Escritório de Direitos Autorais.

PRONAF – Programa Nacional de Fortalecimento da Agricultura Familiar.

PROCON – Programa de Proteção e Defesa do Consumidor.

FEB – Federação Espírita Brasileira.

Nota

Quanto aos tópicos bíblicos citados sugiro a tradução de Antônio Pereira de Figueiredo.

Agradecimento

A Deus, Je-ký, Doutor Augusto Silva, Sélem e Magali, mais uma vez.